BEI GRIN MACHT SICH IHR WISSEN BEZAHLT

- Wir veröffentlichen Ihre Hausarbeit,
  Bachelor- und Masterarbeit

- Ihr eigenes eBook und Buch -
  weltweit in allen wichtigen Shops

- Verdienen Sie an jedem Verkauf

Jetzt bei www.GRIN.com hochladen und kostenlos publizieren

Bibliografische Information der Deutschen Nationalbibliothek:

Die Deutsche Bibliothek verzeichnet diese Publikation in der Deutschen National-bibliografie; detaillierte bibliografische Daten sind im Internet über http://dnb.d-nb.de/ abrufbar.

Impressum:

Copyright © 2016 GRIN Verlag, Open Publishing GmbH
Druck und Bindung: Books on Demand GmbH, Norderstedt Germany
ISBN: 9783668489585

Dieses Buch bei GRIN:

http://www.grin.com/de/e-book/370933/wird-ein-popstar-wie-madonna-bald-durch-synthetische-popstars-ersetzt

Max Langer

Wird ein Popstar wie Madonna bald durch synthetische Popstars ersetzt? Der Synthesizer "Vocaloid" und das Phänomen "Hatsune Miku"

GRIN Verlag

GRIN - Your knowledge has value

Der GRIN Verlag publiziert seit 1998 wissenschaftliche Arbeiten von Studenten, Hochschullehrern und anderen Akademikern als eBook und gedrucktes Buch. Die Verlagswebsite www.grin.com ist die ideale Plattform zur Veröffentlichung von Hausarbeiten, Abschlussarbeiten, wissenschaftlichen Aufsätzen, Dissertationen und Fachbüchern.

Besuchen Sie uns im Internet:

http://www.grin.com/

http://www.facebook.com/grincom

http://www.twitter.com/grin_com

Inhaltsverzeichnis

1. Fragestellung: Wird ein Popstar wie Madonna bald durch synthetische Popstars ersetzt? 3

2. Was macht einen Popstar aus? 4

    2.1 Allgemeine Informationen zum Popstar 4

    2.2 Madonna 5

    2.3 Der synthetische Popstar 6

3. Die Musikindustrie 8

    3.1 Die Popmusikindustrie 9

    3.2 Die J-Popindustrie 9

4. Vocaloid Besonderheiten 11

5. Beispiel: Vergleich Vocaloid und Madonna 11

    5.1 Lied Vocaloid: Cat Food 11

    5.2 Lied Madonna: Give me all your Luvin 12

6. Schlussfolgerung 14

7. Literaturverzeichnis 15

    7.1 Literatur 15

    7.2 Ausarbeitungen zu ähnlicher Thematik 15

    7.3 Filme/Videos 15

    7.4 Interview 16

    7.5 Internetadressen 16

8. Anhang 19

1. Fragestellung: Wird ein Popstar wie Madonna bald durch synthetische Popstars ersetzt?

Stars bieten den Fans viele Möglichkeiten, wie z.B. mit Merchandise oder Konzerten, um mit ihrem Idol anonym zu interagieren. Es bleiben jedoch auch viele Möglichkeiten aus, um diesen Idolen näher zu treten: So bleibt stets eine Barriere – also eine Verfremdung – mit einem Star bestehen, welche in der Musikindustrie auch bewusst aufrechterhalten wird.

Dass das Internet viele neue Möglichkeiten bietet, ist bekannt: Nehmen wir folglich nun an, man könne mit einem Star, wie z.B. Madonna, interagieren, also sich beispielweise treffen, für sie Songs schreiben oder auch mit ihrer Stimme vorgegebene Texte vorsprechen lassen, dann klingt das im ersten Augenblick utopisch. In Japan ist dies allerdings möglich. Das Land der kuriosen Objekte – Objekte, denen Persönlichkeiten zugeschrieben werden – bietet einen Star, welcher den Fan als Schlüssel verwendet. „Fans gestalten, Crypton verdient" schreibt Spiegel Online über dieses Phänomen[1]. Ein Star, welcher die eigenen Songs vorsingt, auf der Bühne performt oder auch im eigenen Film mitwirkt: *Das* macht den synthetischen Star aus. Er ist an die Fangemeinde anpassbar und auch abwandelbar. Haben folglich nun „echte" Popstars aus Fleisch und Blut noch eine Existenzberechtigung? Oder sind diese ohne die in Japan bereits etablierte Marketingstrategie des *Stars zum Anfassen* überhaupt noch interessant genug?

Diese Hausarbeit wurde durch das Interesse am obig beschriebenen Phänomen maßgeblich geprägt und hat das Ziel, einen Vergleich der verschiedenen ästhetischen Anforderungen an einen Star, im Hinblick auf unsere und der Kultur der fernöstlichen Länder herzustellen. Eine weitere Intention ist die Erneuerung des Verständnisses virtueller Identitäten durch die thematische Behandlung synthetischer Idole.

---

[1] http://www.spiegel.de/netzwelt/games/hatsune-miku-der-kuenstliche-popstar-aus-japan-a-1004227.html

2. Was macht einen Popstar aus?

Die Definition des Popstars lässt sich vom Star ableiten, denn der Popstar repräsentiert den Star der Popszene. Wikipedia schreibt: „Ein Star [...] (von englisch: star, Stern) ist eine prominente Persönlichkeit mit überragenden Leistungen auf einem bestimmten Gebiet und einer herausgehobenen medialen Präsenz.[2]"

2.1 Allgemeine Informationen zum Popstar

Laut Wikipedia[3], spricht man dem Star eine überragende Leistung zu, die sich von durchschnittlicher Leistung abhebt. Somit entsteht die mediale Präsenz, welchen den Star in seinem Beruf unterstützt und seine Bekanntheit durch Fernsehen oder soziale Netzwerke komplettiert.

Um ein Popstar zu werden, bedarf es neben den Leistungen auch einer auffallenden Persönlichkeit und besonders hohem sozialen Engagement: Die positiven oder auch negativen Taten, wie z.B. einerseits auffallen, indem man z.b. in Organisationen hilft[4] oder anderseits durch Skandale im Umgang mit Gewalt und Drogen führen zu großer Prominenz[5]. Doch um ein richtiger Star zu werden, muss man von einer Plattenfirma o.ä. unter Vertrag genommen werden, sich aufgrund von Leistung, Selbstdisziplin und Engagement als Star selbst positionieren oder an einer Castingshow teilnehmen bzw. kann man sich diesen Erfolg auch unbegründet erkaufen. Schafft man diesen *Sprung zum Erfolg*, so muss man diesen auch aufrechterhalten. Der Star muss auffallen, um aktuell und präsent in der Gesellschaft zu bleiben. Durch Skandale verliert der Star jedoch seinen *Idol-Status*, wodurch man nicht mehr zu ihm aufsehen kann. Folglich ist zu sagen, dass der Star ein Idol der Gesellschaft ist, welches durch Qualität und Leistung auffällt. Trotzdem muss der Star auf Erwartungen und Sinngebungen der Fans eingehen, wie z.B. mit diesen Zeit verbringen, um so Kompetenzen und Defizite aus der Sicht derer zu erfahren[6], sodass der Status des Idols aufrechterhalten wird[7]– bzw. denkt die PR-

---

[2] Vgl. https://de.wikipedia.org/wiki/Star_(Person)
[3] siehe 2.Was macht einen Popstar aus? - https://de.wikipedia.org/wiki/Star_(Person)
[4] http://www.peta.de/justin-bieber-setzt-sich-mit-petakids-fuer-heimatlose-tiere-ein-untertitel#.Vo-8D_nhBhE
[5]http://www.heute.at/stars/international/Die-groessten-Skandale-von-Justin-Bieber-19;art23693,977484
[6] Seliger, Berthold; „Das Geschäft mit der Musik" – Seite 28, Zeile 22-26 Edition Tiamat, (7. Auflage 2015)
[7] Helms, Dietrich und Phleps, Thomas; „Keiner wird gewinnen" - Seite 164, Zeile 2 und Seite 165 Zeile 17-21 Transcript, (1. Auflage 2005)

Abteilung oder die Stars, dass durch Skandale auch eine Bekanntheit erzwungen werden kann.

2.2 Madonna

Madonna repräsentiert in dieser Hausarbeit den menschlichen Star, welcher mit seinen Defiziten und Kompetenzen analysiert und mit dem synthetischen Star verglichen wird. Folglich wird Madonna auf die zuvor genannten Eigenschaften überprüft:

Madonna Louise Veronica Ciccone ist am 16.August 1958 in Rochester (Michigan, USA) geboren und vertritt den 5. Platz mit den meist verkauften Tonträgern aller Zeiten[8]. Madonna gilt als Queen of Pop, denn sie ist der Star mit den meisten Facetten. Kein Star ist so wandelbar und passt sich seit drei Jahrzenten an die aktuellen Stile an wie Madonna – sie passt in die Sparte des „sich aufgrund von Leistung, Selbstdisziplin und Engagement als Star selbst positionieren[9]" und somit besitzt Madonna eine begründete Existenzberechtigung in Bezug auf die Klassifikation des Popstars. Sie startete mit Gesangsauftritten in Clubs, um Geld zu verdienen. Heute performt Madonna bei ausverkauften Konzerten und gilt als Sexsymbol[10]. Im Laufe des Lebens, der *Like a Virgin*-Sängerin, fügte Madonna viele Skandale in ihre Karriere ein um aktuell zu bleiben. Der Filmkritiker James King bestätigt dies, da er der Auffassung ist, Madonna wüsste, wie sie die PR-Abteilung richtig lenkt. Und auch Madonnas Biographin Lucy O'Brien erkennt Madonnas Drang nach Skandalen und der damit verbundenen Aufmerksamkeit: „Sie hat früh herausgefunden, dass sie Aufmerksamkeit bekommt, wenn sie kein Blatt vor den Mund nimmt und dass das nicht allzu schlecht sein kann, wenn sie dadurch Platten verkaufen kann. Ihre sexuelle Offenheit interessierte die Leute.[11]" – somit ist ihr Status als Sexsymbol auch für die Fans inspirierend und bestätigt ihre Erwartungen.

Madonna hat laut Kritikern und Fans ein großes Problem mit ihrer Alterung und versucht, durch Fitnesstraining und Schönheits-OPs, das *Jungbleiben* zu erzwingen[12]. Fans können das Handeln zwar ansatzweise verstehen, jedoch zeigt sich auch eine große Abneigung gegenüber Madonnas persönliche Inaktzeptanz[13].

---

[8] Fh Münster – University of Applied Sciences; Die zehn erfolgreichsten Bands aller Zeiten, (12/2010)
[9] Vgl. siehe 2.1 Allgemeine Informationen
[10] Fairbank, Lisa; The Changing Face Of Madonna, Einsfestival, (2012)
[11] Vgl. Fairbank, Lisa; The Changing Face Of Madonna, Einsfestival, (2012)
[12] http://www.promiflash.de/news/2014/05/15/schoenheits-op-madonna-zeigt-versehentlich-narbe.html
[13] Fairbank, Lisa; The Changing Face Of Madonna, Einsfestival, (2012)

Der PR-Berater Jamie Bowden ist der Ansicht, dass Madonna trotz dessen immer präsent bleiben wird: „Sie ist immer ganz oben, weil sie ständig Comebacks hat. Wir denken „das war's dann wohl" und dann kommt sie nach einer Weile zurück und hat sich komplett neu erfunden. Egal was es für ein Projekt ist, ob Musik, Theater oder Film: Madonna wird zurückkommen und Kritiker und Bewunderer überraschen, indem sie wieder eine ganz andere ist[14]."

2.3 Der synthetische Popstar

Keine Skandale, wie Drogen, Mord o.ä. – das ist Hatsune Miku. Die Japanerin wird bejubelt, wenn sie die Bühne betritt. Dabei ist sie gerade einmal 16 Jahre alt– diesen Altersstatus hält sie schon seit acht Jahren. Die synthetische Pop-Ikone gehört zu Yamahas Software-Synthesizer *Vocaloid* und erlangt seit August 2007 größtes Ansehen bei Stars und Fans.

Mit 42 kg und einer Körpergröße von 1,58 m ist Hatsune Miku ein zierliches Mädchen, welches jedoch in der Masse der Stars auffällt[15]. Die Produktverpackung[16] der *Hatsune Miku* ziert ein Mädchen mit blauen Haaren, die Kopfhörer und eine cyborgähnliche Schuluniform trägt. Das Erkennungszeichen ist, neben den Haaren, das *01-Tattoo* auf ihrer Schulter.

Man geht davon aus, dass man einen Anime Charakter nicht in der realen Welt performen lassen kann – das stimmt jedoch nicht ganz. Hologramme sind keine Neuheit, denn auch *Michael Jackson* und *Tupac* präsentierten sich nach ihrem Tod als solches[17]. Explizit einen Anime Charakter in die Welt zu rufen gilt jedoch als Neuheit, auf die die Gesellschaft überraschend positiv und interessiert reagiert. Diese Stimme besitzt auch einen selbständigen Klang. Die *Gorillaz* sind ebenfalls eine Band mit fiktiven Persönlichkeiten – die Stimme des Cartoon-Stars lieh ihnen jedoch der Sänger *Damon Albern*, sodass nur eine Maske den Liedsänger verschleierte[18]. Hatsunes Stimme basiert voll-

---

[14] Vgl. Fairbank, Lisa; The Changing Face Of Madonna, Einsfestival, (2012)
[15] http://www.crypton.co.jp/miku_eng
[16] Foto, siehe Anhang
[17] http://www.focus.de/kultur/musik/michael-jackson-michael-jackson-erwacht-als-hologramm-zum-leben_id_3854478.html
[18] http://www.laut.de/Gorillaz

ständig auf der *Voicebank*, welche von der Stimmgeberin *Saki Fujita* ins Leben gerufen wurde[19].

Hatsune Miku, das Ergebnis der Technologie, zeigt uns einen *perfekten* Star. Es wurde eine Vielzahl an Cover-Songs auf der japanischen Plattform *Nico Nico Douga* veröffentlicht auf der Mikus Popularität aufbaut. Die synthetische Pop-Ikone kann nicht genau klassifiziert werden[20], denn sie etabliert eine eigene Klassifikation: Hatsune wurde als Synthesizer von Käufern erworben und verwendet. Sie wurde in jeglicher Form adaptiert – das ist der Reiz an ihr, eine Software ist anpassbar: als Filmfigur in der Serie *Black Rock Shooter*, als Opernsängerin oder als Werbefigur. Die Medien wurden auf sie aufmerksam, als der exzessive Skandal um Miku öffentlich wurde: „Die verschwundenen Hatsune Miku – Untersuchung der Ursache. Problem Yahoo und Google[21]". Es konnten keine Suchergebnisse in den beiden Suchmaschinen aufgerufen werden, bei der Angabe *Hatsune Miku*.

Eine überragende Leistung kann insofern dem Hologramm als Sängerin zugesprochen werden, als dass dieses beliebige Töne in beliebiger Länge ertönen lassen kann. Neben dieser auffälligen Eigenschaft für einen Star, kann Hatsune auch ein auffallendes Äußeres zugeschrieben werden, denn allein ihre Existenz lässt sie von humanen Stars abheben. Die Haupteigenschaft, die Hatsune Miku zum Star werden lässt, ist jedoch ihre Fangemeinde bzw. das Eingehen auf die Sinngebungen und Erwartungen dieser. Die virtuelle Person *Hatsune Miku* – speziell in Bezug auf ihr Verhaltensmuster – ist nur durch die Interpretation der Fangemeinde manifestiert worden, denn sie wurde ohne eine Lebensgeschichte veröffentlicht, sodass die Fans diesen Part übernommen haben. Verspielt und liebevoll – das zieht die Fans an. *Das*, was Fans in ihr sehen, wurde dem Idol zugunsten der Vermarktung als Persönlichkeitsmerkmale auferlegt[22]. Songs werden von Fans für Fans geschrieben; der Star muss nicht *versuchen*, die Erwartungen seiner Fangemeinde zu erfüllen, wie es beispielsweise bei Madonna der Fall ist, stattdessen schreiben die Fans für sich selbst. Sobald der Käufer die Voicebank *Hatsune Miku* auf seinem Computer besitzt, können Songs komponiert werden. Durch dieses *einfache*

---

[19] http://www.crunchyroll.com/anime-news/2015/06/17/video-hatsune-miku-va-saki-fujita-narrates-latest-trailer-for-nou-shou-sakuretsu-girl

[20] Vgl. 2.1 Allgemeine Informationen – der Weg zum Star

[21] Vgl. http://www.itmedia.co.jp/news/articles/0710/18/news065.html

[22] http://www.zeit.de/kultur/musik/2013-06/hatsune-miku-japan-pop/seite-2

System haben eine Vielzahl an Komponisten wie z.b. Mitchi M, Supercell oder Livetune Songs und Alben für Hatsune Miku erstellt. Durch das japanische Idol konnten Komponisten Plattenverträge und eigene Erfolge erzielen. Die synthetische Pop-Ikone steht unter Crypton Future Medias eigenem Musiklabel *KarenT* unter *Vertrag*. Zum Verkaufsvorteil von Hatsune Miku, gegenüber humanen Stars wird in Kapitel vier eingegangen.

3. Die Musikindustrie

Die meisten Plattenfirmen hätten laut Berthold Seliger nur *Knebel-Verträge* als Intention[23]. Doch ist das bei Madonna auch der Fall bzw. wie wird ein Star der wie Hatsune Miku keinen eigenen Willen hat, gefördert?

Die Musikindustrie hat, wie jede andere Industrie, den wirtschaftlichen Profit zum Ziel. Probleme bilden sich aus den bestehenden Machtverhältnissen zwischen verschieden Labels, was Monopole schafft. Nach Berthold Seliger dominieren die drei Majorlabels Sony Music 23%, Universal Music 38,9% und Warner Music 14,9% gegenüber der Dissidenz, den sogenannten *Indies*[24]. Diese sind kleine Labels und verfügen in der Regel nicht über eigene Vertriebsmöglichkeiten in Bezug auf die Marketingmethoden – somit sind sie abhängig von ihren Konkurrenten. Die *Indies* haben einen entscheidenden Nachteil und können in den meisten Fällen nicht von den Majors abgespalten werden.

Weniger bekannt ist, dass auch die Majors mit ihren Geldeinnahmen Risiken haben[25]. Grund hierfür ist das Internet, denn illegale Kopien, Streamingdienste wie *Spotify*, Verkaufsportal wie *iTunes* und *Amazon* oder Download-Dienste wie *Yabeat* stören die Albumverkäufe, da der kostenpflichtige Erwerb durch deren Existenz in den meisten Fällen überflüssig wird. In Folge der schlechten Verkaufszahlen werden Künstler und Mit-

---

[23] Seliger, Berthold; „Das Geschäft mit der Musik – ein Insiderbericht", Edition Tiamat (2015) – Seite 142
[24] Seliger, Berthold; „Das Geschäft mit der Musik – ein Insiderbericht", Edition Tiamat (2015) – Seite 123
[25] Menne, Olaf; „Erfolgsfaktoren in der Popmusik", Grin (2006) – Seite 24 und Seliger, Berthold; „Das Geschäft mit der Musik – ein Insiderbericht", Edition Tiamat (2015) – Seite 133/152

arbeiter entlassen[26]: ist der Erfolg der Musindustrie zu Ende und wird fortan das Internet das Musiklabel übernehmen?

3.1 Die Popmusikindustrie

Die Strategie von Tonträgerindustrien der Popmusik-Sparte wird von Seliger als *Pop-Monopoly* bezeichnet[27]. Die Labels sind an Künstlern interessiert, die sie als erfolgreich betrachten und versuchen sie unter Vertrag zu nehmen, sodass nur sie das Exklusivrecht über die Vermarktung des Interpreten und dessen Erwirtschaftungen besitzen. Ein eher elitäres Verhalten zeigt sich bei *Newcomern*, denn nur wenige Labels, die Majors meistens absolut nicht, möchten finanzielle Risiken durch diese eingehen[28]. Zu beachten ist die Differenz zwischen der amerikanischen- und anderen Popmusikindustrie-Ländern. Laut dem deutschen Rapper *Felix Antoine Blume*, eher bekannt als *Kollegah*, manipuliert die Musikindustrie die Stars und deren Fans. Negativ-manipulative Songtexte wirken, dank der Musikindustrie, auf die Fans ein[29].

3.2 Die J-Popindustrie

In Japan dominiert eine Massenkunst: Künstler kommen, Künstler gehen und werden später aus ihren Massen-Band-Gruppen ausgetauscht. Die Devise des J-Pop lautet: „Alles ist ein Produkt, sogar der Künstler selbst[30]." Produkte können ausgetauscht werden.

Das Besondere in den fernöstlichen Ländern: jeder produziert; Künstler (nach *SOPHIE das Produkt*), Producer und auch die gewöhnlichen Bürger. Das System des *musikalischen Bürgers* hat sich jedoch auch in unserem Land etabliert. Ein Beispiel ist der deutsch-russische Musikproduzent *ZEDD*[31], welcher Zuhause am Computer produzierte und durch Zufall erfolgreich wurde. Auch Hatsune Miku ist auf seinem Album vertreten, in Form seines Songs *Spectrum,* im japanischen Format von Mikus Producer *Livetune*. Jedoch muss hier angemerkt werden, dass Japan hier einen klare Parallele bildet. Es wird ein Schema aus globaler- und lokaler Popmusik gebildet, sodass zwei Hitlisten

---

[26] Merten, Arne, SWR; Die Hitmacher – Hinter den Kulissen der Musikindustrie (2004)
[27] Seliger, Berthold; „Das Geschäft mit der Musik – ein Insiderbericht", Edition Tiamat (2015) – Seite 123/126
[28] Seliger, Berthold; „Das Geschäft mit der Musik – ein Insiderbericht", Edition Tiamat (2015) – Seite 127-129
[29] Vgl. TV Strassensound; Kollegah Interview
[30] Vgl. Meinung von SOPHIE: http://www.deutschlandradiokultur.de/japanische-popmusik-mit-hologramm-und-piepsstimme-den.2177.de.html?dram:article_id=342224
[31] Interview von 1LIVE mit ZEDD (2014)

aus der japanischen Popindustrie herauskristallisiert werden[32]. Diese sind unabhängig von aneinander und funktionieren in Japan stabil.

Der J-Pop umfasst oft große Bands, hier zählt jedoch *Quantität vor Qualität*. Ziel der exzessiv-großen Bands: Jeder Künstler innerhalb der Band repräsentiert ein emotionales Verhalten, wie z.b. den Rebellen, die Süße oder auch den Coolen[33]. Mit diesem Schema sollen mehr Fans angesprochen werden, da hier die Chance größer ist, dass mindestens *ein Künstler* den Hörer bzw. Zuschauer anspricht. Eine Vorliebe zu weiblichen Stars, seitens den Fans, fiel der Idol- und J-Popindustrie schon früh auf, sodass man eher auf diese setzte – das ist auch bei Vocaloid die Strategie, daher wurden bis heute wenige Pendants weiblicher Voicebanks veröffentlicht.

Der Star in Japan gilt als fast perfekt: Bis heute wurde die Manipulation am Star wenig vermindert, da dies für Fans als *Art der Begierde* gewertet wird[34]. Das Idol wird durch das Management zum perfekten Menschen umgewandelt und performt meist in eher kindlicher Art, da man eine *ewige Jugend* in der Moralsicht japanischer Bürger als wünschenswert erkennt.

Vocaloid wird neben den Bürgern Japans auch global gehört: Betrachtet man die Besucherzahl bei ausverkauften Konzerten, die zwischen 10.000 – 30.000 Besuchern schwankt, so lässt sich daraus schließen, dass Hatsune Mikus Songliste beliebt ist. Auch im Hinblick auf die Aufrufzahlen von Nico Nico Douga[35], die bei ca. 12.000.000 liegen, ebenso die von You-tube[36], die fast 19.000.000 Aufrufe zählen, lässt sich ein eindeutiges Interesse an *von Fans komponierten Songs* feststellen.

---

[32] Horn, Sierk Aurel; „Interkulturelle Kompetenz im Zugang zu japanischen Märkten", DUV (1. Auflage 2005) – Seite 97
[33] Haurand, Chiara; „Vocaloid" – Kapitel 2.2 Die Entwicklung des Idol-Genres
[34] Kishi, Seiji; Persona 4: The Animation: Staffel 1, Folge 9 – "no one sees the real me".
[35] Nico Nico Douga Aufrufzahlen beim Suchbegriff *Hatsune Miku* (Stand 09.02.2016 um 17:04 Uhr): http://www.nicovideo.jp/search/Hatsune%20Miku?track=nicouni_search_keyword
[36] YouTube Aufrufzahlen beim Suchbegriff *Hatsune Miku* (Stand 09.02.2016 um 17:10 Uhr): https://www.youtube.com/results?q=Hatsune+Miku&sp=CAM%253D

4. Vocaloid Besonderheiten

Die synthetische Pop-Ikone ist geschützt vor Drogen, Alterung, dem darauffolgenden Tod oder anderen psychischen und physischen Gefahren, denn einer Software kann dies nicht passieren. Dies war auch die Intention des Schöpfers Wataru Sasaki: „Musik hatte sich eigentlich immer weiterentwickelt, aber dann, vor knapp 10 Jahren, stoppte diese Entwicklung. Und Menschen werden alt, Madonna ist alt geworden und die japanischen Sängerinnen werden es auch, da dachte ich, es ist Zeit für einen virtuellen Künstler, eine Sängerin, die nicht älter wird, mit einer jungen, niedlichen Stimme.[37]" Hatsune Miku ist ein wandelbarer und verformbarer Star, der sich stets an die aktuellen Interessen der Fans *anpassen* kann.

Auch aus Produktionssicht ist der Synthesizer dem humanen Star voraus. Wie in Kapitel 2.3 erläutert wurde, ist Hatsune eine Software: Somit kann sie jeder erwerben und mit ihrer Stimme Songs erstellen – und das wird auch seitens der Käufer gemacht. Somit entsteht eine Vielzahl an Miku Alben in den verschiedensten Genres in nur wenigen Jahren und in einem rasanten Tempo.

5. Beispiel: Vergleich Vocaloid und Madonna

Wie in den obigen Punkten analysiert wurde, besitzen beide Sängerinnen die Eigenschaften eines Stars. Folglich soll Madonnas *Give Me All Your Luvin*-Hit mit Hatsune Mikus Song *Cat Food* auf den Textinhalt, das Musikvideo, das Konzertformat und die Popsong-Eigenschaften überprüft werden[38].

5.1 Lied Vocaloid: Cat Food

Cat Food ist ein klangvoller Song, der bei einer Geschwindigkeit von 175 BPM[39] sein volles Ausmaß findet. Diese Anzahl an Beats, klingen für Hörer nicht-fernöstlichen Ländern sehr ungewöhnlich[40], jedoch ist dies abhängig vom J-Pop. Der Text handelt, charakteristisch für das Genre, von der Liebe: Ein Mädchen, das ihre große Liebe ver-

---

[37] Vgl. ZDF Mittagsmagazin; "Virtueller Superstar in Japan" – Hatsune Miku, (2012)
[38] Musik- und Konzertvideo, siehe Anhang CD
[39] beats per minute = Tempo
[40] Kommentar von Deutschlandradio Kultur: http://www.deutschlandradiokultur.de/japanische-popmusik-mit-hologramm-und-piepsstimme-den.2177.de.html?dram:article_id=342224

misst und nach Anerkennung und Zuneigung strebt – produzierte Songs mit Hatsune Mikus Stimme thematisieren oftmals Liebe und Stärke. In ihrem Musikvideo wird parallel zur selbstbewussten Performance mit Clowns in verschiedenen Outfits eine mitleiderregende Geschichte erzählt. Hatsune spielt im Video ein bedrücktes Mädchen, das verträumt auf einem Zirkusplatz einsam umherläuft. Aufgrund des Ortes und ihres Kostüms entsteht der Eindruck, dass sie einem Zirkus angehört.

Das Konzert ist hingegen vom Original stark zu unterscheiden. Nur das Kostüm Mikus wurde erneut auf das Hologramm transferiert. Man unterscheidet zwischen zwei Intros: In der einen Version dreht sich Hatsune zum Beat um, ruft etwas Ähnliches wie *Los geht's!* und beginnt zu singen. Die andere Version hingegen punktet für den Fan mit einer exzentrischen Performance, in der das Idol aus einem Lichtwirbel-Ball mit einzelnen Buchstaben erscheint und mit seinem Kostüm erleuchtet wird. Folglich ist der Rest der Performance identisch: Hatsune tanzt in einem bestimmten Rhythmus fortgehend durch das komplette Lied.

5.2 Lied Madonna: Give me all your Luvin

Madonnas Lieder stehen für Stärke, Unabhängigkeit und rufen zur Gleichberechtigung auf[41]. *Give Me All Your Luvin* handelt von der Kontrollkraft Madonnas, denn sie präsentiert sich sowohl im Text als auch im Musikvideo als egozentrische und elitäre Person. Der Schwerpunkt verlagert sich dadurch auf die Stärke und die Unabhängigkeit der Queen of Pop. So performt die Pop-Diva mit einem Kinderwagen vor Footballern mit ca. 145 BPM. Sie feiert ihre eigene Person, ignoriert das Menschenleben ihrer Mitmenschen und realisiert kaum die Außenwelt. Auch in ihrem Song singt sie *Denn ich bin eine andere Sorte von Mädchen.* Sie geht in eine Art Cyber-Lokal und performt mit zwei weiteren Personen in Kleidung, die an ihr *Like a Virgin*-Video erinnert. So treten weiterhin die Footballspieler auf und hinzuzufügend Cheerleader, die ein puppenähnliches Gesicht haben. Zum Schluss sieht man Madonna ein Baby wegwerfen und zeigt demonstrativ ihr provokantes Verhalten, welches ein Aufruf zum Stark und *anders sein* ist.

Das Konzertformat von *Give Me All Your Luvin* legt seinen Schwerpunkt auf das Cheerleader/College-Dasein. Unterschied ist jedoch, dass der Song nicht die Originalfassung

---

[41] Murphy, Ryan; Glee: Staffel 1, Folge 15 – "the power of Madonna".

aufweist, sondern eher als Remix bezeichnet werden kann. Die Stimme Madonnas wirkt leicht trocken und weißt die mangelnde Unterstützung der traditionellen Unterlegung einer Zweitstimme auf. Eine Lichtshow, fliegende Tänzer und eine formidable Tanzeinlage lassen die Performance von *Give Me All Your Luvin* für Fans als befriedigend wirken, sodass Madonnas Reputation bekräftigt wird.

Beide Songformate bilden ein harmonisches Zusammenspiel von Noten und Text. Trotz dessen kann keiner der beiden Songs, unter Berücksichtigung der Formel, die zu einem Hit führt, welche folgende wäre: Die Zusammenführung eines positiv wirkenden Textes, 150 BPM und einem 3-Tonstufen-Intervall[42]. Aus der Sicht des Konzertformats bilden beide eine Differenzierung zum Originalvideo, überzeugen Fans jedoch mit anderen Showeinlagen.

Madonna hat sich selbst ca. drei Jahrzehnte lang gewandelt, trotzdem werden heute nicht mehr die Verkaufszahlen von früher erreicht[43]: ist die Madonna-Ära zu Ende?

Nach Google Trends[44] hat Madonna aktuell einen erneuten Tiefpunkt. Berücksichtigt man die Meinungen der Kritiker, fällt auf, dass Madonnas Popularität sinkt[45]. Vocaloid und auch Mikus Nachfrage sanken zwar – jedoch auf einem höheren Niveau als Madonna. Außerdem steigen die Werte im Februar 2016 voraussichtlich wieder, sodass die Popularität im Hinblick auf die Welttournee *Miku Expo 2016* und die *Magical Mirai 2016* noch weiter ansteigen wird. Madonna hingegen bekam eine Sperre auf ihre Konzerte in Japan[46] und wird zudem stetig unbeliebter – nach Google Trends –, obwohl sie auf Welttournee ist.

---

[42] Prosieben; „Big Countdown – die 50 größten Geheimnisse der Popmusik"
[43] http://www.wiwo.de/erfolg/plattenverkaeufe-die-erfolgreichsten-musiker-der-welt/7008112.html?p=9&a=false&slp=false#image
[44] Diagramme, siehe Anhang
[45] http://www.ksta.de/koeln/fans-sauer-ueber-playback-und-spaeten-auftritt-sote,15187530,32342208.html
[46] http://www.loomee-tv.de/2016/01/madonna-show-erst-ab-18/

6. Schlussfolgerung

Popstars begleiten jeden Menschen das ganze Leben und jeder hat mindestens einen Lieblingssänger: Er performt, versetzt einen in eine gute Laune und man sieht ihn einfach gern – natürlich ist der *Suchtfaktor* zum Star bei jedem verschieden. So gibt es den *stillen Fan*, der Zuhause *nur* die Musik hört und Beiträge von seinem Star liest, sowie den eher aktiven Fan, der sein Idol verfolgt und somit ein Gespräch erzwingen würde[47].

Kann Hatsune Miku folglich einen Popstar wie Madonna ersetzen? Ja und Nein: Hatsune ist ein sehr interessanter, vielseitiger und auch perfekter Popstar, jedoch in Relation zu Madonna noch sehr unbekannt. Abgesehen davon kann Hatsune Miku nicht physisch mit ihren Fans interagieren. Natürlich ist es eine Neuheit, da man mehr in das *private Leben und Verhalten* des Stars eher eingreifen kann als bei Madonna, jedoch alles *nur* vor dem Computer. Ob Hatsune Miku in wenigen Jahren eventuell als physischer Star performt, ist sehr realitätsnah, wenn man den Fortschritt der aktuellen Technik begutachtet.

Vergleicht man Hatsune mit Madonna, so stellt man fest, dass die synthetische Pop-Ikone mehr Möglichkeiten hat, mehr Gesellschaftssparten erreichen kann und aktuell auch den höheren Erfolg erzielt[48]. Doch trotzdem kann eine künstliche Perfektion keine Emotionen wie bspw. Adele oder Madonna erreichen.

Mit Hatsune Miku hat die Menschheit einen weiteren Schritt zur vollkommen Bindung zur Technik erreicht. Der Synthesizer lehrt unsere Gesellschaft zusätzlich, dass die Perfektion nur durch vollständige Künstlichkeit erreicht werden kann. Ob Perfektion und die zwangsläufig damit eingehende absolute Künstlichkeit erstrebenswert ist, bleibt fraglich. Dadurch zeigt sich jedoch auch, dass die Popstars eine neue Konkurrenz, unabhängig von sich selbst, haben und eventuell, im Hinblick auf Hatsune Mikus Erfolg, bald nicht mehr präsent sein könnten. Denn dann wird die Menschheit vollständig in ihre fiktive, mit eigenen Wünschen erfüllte, Welt flüchten und Hatsune als Marionette der Unterhaltung nutzen.

---

[47] Merten, Arne; „Die Hitmacher – Hinter den Kulissen der Musikindustrie", SWR (2004) – Folge 5: „Die Fans"
[48] Diagramme, siehe Anhang

7. Literaturverzeichnis

7.1 Literatur

Helms, Dietrich und Phleps, Thomas; „Keiner wird gewinnen", Transcript (1. Auflage **2005)**

Horn, Sierk Aurel; „Interkulturelle Kompetenz im Zugang zu japanischen Märkten", DUV (1. Auflage 2005)

Seliger, Berthold; „Das Geschäft mit der Musik – ein Insiderbericht", Edition Tiamat (7. Auflage 2015)

7.2 Ausarbeitungen zu ähnlicher Thematik

Tonseminar: Haurand, Chiara; „Vocaloid ", Matrikelnummer: 2667

Diplomarbeit: Menne, Olaf; „Erfolgsfaktoren in der Popmusik", Grin (2006)

7.3 Filme/Videos

Engelhardt, Katja (Deutschlandradio Kultur): „Mit Hologramm und Piepsstimme den Westen erobern" vom 12.01.2016: http://www.deutschlandradiokultur.de/japanische-popmusik-mit-hologramm-und-piepsstimme-den.2177.de.html?dram:article_id=342224 (Aufgerufen am 03.02.2016 um 21:43 Uhr)

Fairbank, Lisa; "The Changing Face Of Madonna", Einsfestival, (2012): https://www.youtube.com/watch?v=TiQJzBS_FUE (Aufgerufen am 10.01.2016 um 03:51 Uhr)

Kishi, Seiji; "Persona 4: The Animation": Staffel 1, Folge 9 – no one sees the real me

Merten, Arne; „Die Hitmacher – Hinter den Kulissen der Musikindustrie", SWR (2004) – Folge 5: „Die Fans"

Murphy, Ryan; Glee: Staffel 1, Folge 15 – "the power of Madonna"

Prosieben; „Big Countdown – die 50 größten Geheimnisse der Popmusik" vom 28.01.2016 um 20:15 Uhr

ZDF Mittagsmagazin; "Virtueller Superstar in Japan" – Hatsune Miku, (2012): https://www.youtube.com/watch?v=eX5WRQTPCNo (Aufgerufen am 09.02.2016 um 23:11 Uhr)

7.4 Interview

1LIVE; „Zedd zu Gast im Studio | 1LIVE" vom 06.02.2014: https://www.youtube.com/watch?v=uDRopoOpjys (Aufgerufen am 03.02.2016 um 22:09 Uhr)

TV Strassensound; Kollegah Interview vom 08.05.2014: https://www.youtube.com/watch?v=6d5_ATfiSz4&feature=iv&src_vid=fzIQUSFzfp8& annotation_id=annotation_3530220549 (Aufgerufen am 06.02.2016 um 19:25 Uhr

7.5 Internetadressen

Anime News Network; "Hatsune Miku's 'Father' Hiroyuki Itō Receives Japan Medal with Blue Ribbon" vom 02.11.2013: http://www.animenewsnetwork.com/news/2013-11-02/hatsune-miku-father-hiroyuki-ito-receives-japan-medal-with-blue-ribbon (Aufgerufen am 03.02.2016 um 22:42 Uhr)

Crypton Future Media, INC: http://www.crypton.co.jp/miku_eng (Aufgerufen am 04.01.2016 um 14:44 Uhr)

Fh Münster – University of Applied Sciences; "Die zehn erfolgreichsten Bands aller Zeiten" von Oktober 2010 https://www.fh-muenster.de/fb1/downloads/personal/ juestel/juestel/Die_10_erfolgreichsten_Bands_aller_Zeiten.pdf (Aufgerufen am 19.01.2016 um 16:38 Uhr)

H, Maria (Promiflash); „Schönheits-OP? Madonna zeigt versehentlich Narbe" vom 15.05.2014 (Aufgerufen am 11.01.2016 um 23:40 Uhr)

Heute; „Die größten Skandale von Justin Bieber" vom 23.01.2014 (Aufgerufen am 08.01.2016 um 14:43 Uhr)

ITmedia; „Verschwunden Hatsune Miku" Problem Yahoo und Google, um die Ursache zu untersuchen" vom 18.10.2007:

http://www.itmedia.co.jp/news/articles/0710/18/news065.html (Aufgerufen am 21.01.2016 um 19:21 Uhr)

Kölner Stadt-Anzeiger; „Madonna-Fans sauer über Playback und späten Auftritt" vom 05.11.2015: http://www.ksta.de/koeln/fans-sauer-ueber-playback-und-spaeten-auftritt-sote,15187530,32342208.html (Aufgerufen am 03.02.2016 um 22:32 Uhr)

Laut: http://www.laut.de/Gorillaz (Aufgerufen am 05.01.2016 um 15:00 Uhr)

Lill, Felix (Zeit); „Der unechteste Popstar der Welt" vom 17.06.2013: http://www.zeit.de/kultur/musik/2013-06/hatsune-miku-japan-pop (Aufgerufen am 25.01.2016 um 19:45)

Loo, Egan (Anime News Network); „Hear Lady Gaga's Producer Zedd & Hatsune Miku Join Forces" vom 07.02.2013: http://www.animenewsnetwork.com/interest/2013-02-07/hear-lady-gaga-producer-zedd-and-hatsune-miku-join-forces (Aufgerufen am 03.02.2016 um 22:12 Uhr)

LooMee Tv; "Madonna: Show erst ab 18!" vom 09.01.2016: http://www.loomee-tv.de/2016/01/madonna-show-erst-ab-18/ (Aufgerufen am 02.02.2016 um 21:42 Uhr)

Nico Nico Douga; Aufrufzahlen beim Suchbegriff *Hatsune Miku*: http://www.nicovideo.jp/search/Hatsune%20Miku?track=nicouni_search_keyword (Aufgerufen am 09.02.2016 um 17:04 Uhr)

Peta; „Justin Bieber setzt sich mit PETAkids für heimatlose Tiere ein" von Januar 2011 http://www.peta.de/justin-bieber-setzt-sich-mit-petakids-fuer-heimatlose-tiere-ein-untertitel#.Vri0xWjhDcu (Aufgerufen am 08.01.2016 um 14:40)

Sandabad, Miriam (Spiegel Online); „Künstlicher Star Hatsune Miku: Seit sieben Jahren 16 Jahre alt" vom 24.11.2017: http://www.spiegel.de/netzwelt/games/hatsune-miku-der-kuenstliche-popstar-aus-japan-a-1004227.html (Aufgerufen am 28.12.2015 um 17:09 Uhr)

Standard-Definition laut Wikipedia: https://de.wikipedia.org/wiki/Star_(Person) (Aufgerufen am 01.01.2016 um 19:44 Uhr)

YouTube; Aufrufzahlen beim Suchbegriff *Hatsune Miku*: https://www.youtube.com/results?q=Hatsune+Miku&sp=CAM%253D (Aufgerufen am 09.02.2016 um 17:10 Uhr)

Yuhana, Okada (ITmedia); „Hatsune Miku ist offen: die Schaffung einer Tür" vom 25.02.2008: http://www.itmedia.co.jp/news/articles/0802/25/news017.html (Aufgerufen am 21.01.2016 um 18:56 Uhr)

Zs/SpotOn (Focus); „Michael Jackson erwacht als Hologramm zum Leben" vom 19.05.2014: http://www.focus.de/kultur/musik/michael-jackson-michael-jackson-erwacht-als-hologramm-zum-leben_id_3854478.html (Aufgerufen am 02.01.2016 um 15:40 Uhr)

8. Anhang

Hatsune Miku V3 Verpackung:

http://ecx.images-
ama-
zon.com/images/I/51jBf36GAsL.j
pg (Aufgerufen am 01.01.2016

Hatsune Miku Statistik vom 09.02.2016 um 20:05 Uhr:

https://www.google.de/trends/explore#q=Hatsune%20Miku&cmpt=q&tz=Etc%2FGMT
-1

Hatsune Miku

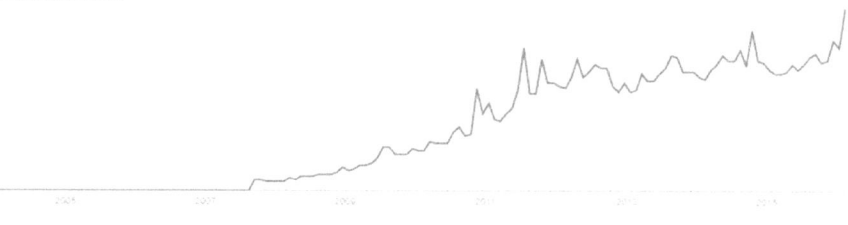

Madonna Statistik vom 09.02.2016 um 20:06 Uhr:

https://www.google.de/trends/explore#q=Madonna&cmpt=q&tz=Etc%2FGMT-1

Madonna

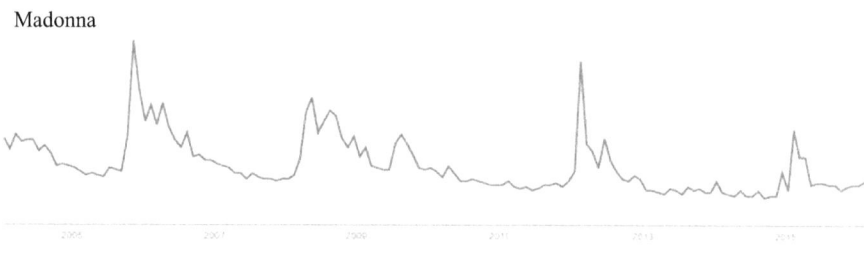